Пиковая дама, Медный всадник, Цыганы

Queen of Spades,
Bronze Horseman,
The Gypsies

Александр Сергеевич Пушкин
Aleksandr Sergeyevich Puskhin

Queen of Spades, Bronze Horseman and The Gypsies
Copyright © JiaHu Books 2014
First Published in Great Britain in 2013 by Jiahu Books – part of Richardson-Prachai Solutions Ltd, 34 Egerton Gate, Milton Keynes, MK5 7HH
ISBN: 978-1-78435-011-6
Conditions of sale
All rights reserved. You must not circulate this book in any other binding or cover and you must impose the same condition on any acquirer.
A CIP catalogue record for this book is available from the British Library
Visit us at: jiahubooks.co.uk

ПИКОВАЯ ДАМА 5
МЕДНЫЙ ВСАДНИК 32
ЦЫГАНЫ 48

ПИКОВАЯ ДАМА

Пиковая дама означает тайную недоброжелательность. **Новейшая гадательная книга.**

I

А в ненастные дни
Собирались они
Часто;
Гнули – Бог их прости! —
От пятидесяти
На сто,
И выигрывали,
И отписывали
Мелом.
Так, в ненастные дни,
Занимались они
Делом.

Однажды играли в карты у конногвардейца Нарумова. Долгая зимняя ночь прошла незаметно; сели ужинать в пятом часу утра. Те, которые остались в выигрыше, ели с большим аппетитом; прочие, в рассеянности, сидели перед своими приборами. Но шампанское явилось, разговор оживился, и все приняли в нем участие.

— Что ты сделал, Сурин? — спросил хозяин.

— Проиграл, по обыкновению. — Надобно признаться, что я несчастлив: играю мирандолем, никогда не горячусь, ничем меня с толку не собьёшь, а всё проигрываюсь!

— И ты не разу не соблазнился? ни разу не поставил на *руте*?.. Твердость твоя для меня удивительна.

— А каков Германн! — сказал один из гостей, указывая на молодого инженера, — отроду не брал он карты в руки, отроду не загнул ни одного пароли, а до пяти часов сидит с нами и смотрит на нашу игру!

— Игра занимает меня сильно, — сказал Германн, — но я не в состоянии жертвовать необходимым в надежде приобрести излишнее.

— Германн немец: он расчетлив, вот и всё! — заметил Томский. — А если кто для меня непонятен, так это моя бабушка графиня Анна Федотовна.

— Как? что? — закричали гости.

— Не могу постигнуть, — продолжал Томский, — каким образом бабушка моя не понтирует!

— Да что ж тут удивительного, — сказал Нарумов, — что осьмидесятилетняя старуха не понтирует?

— Так вы ничего про неё не знаете?

— Нет! право, ничего!

— О, так послушайте:

Надобно знать, что бабушка моя, лет шестьдесят тому назад, ездила в Париж и была там в большой моде. Народ бегал за нею, чтобы увидеть la Venus moscovite; Ришелье за нею волочился, и бабушка уверяет, что он чуть было не застрелился от её жестокости.

В то время дамы играли в фараон. Однажды при дворе она проиграла на слово герцогу Орлеанскому что-то очень много. Приехав домой, бабушка, отлепливая мушки с лица и отвязывая фижмы, объявила дедушке о своем проигрыше и приказала заплатить.

Покойный дедушка, сколько я помню, был род бабушкиного дворецкого. Он её боялся, как огня; однако, услышав о таком ужасном проигрыше, он вышел из себя, принес счёты, доказал ей, что в полгода они издержали полмиллиона, что под Парижем нет у них ни подмосковной, ни саратовской деревни, и начисто отказался от платежа. Бабушка дала ему пощечину и легла спать одна, в знак своей немилости.

На другой день она велела позвать мужа, надеясь, что домашнее наказание над ним подействовало, но нашла его непоколебимым. В первый раз в жизни дошла она с ним до рассуждений и объяснений; думала усовестить его, снисходительно доказывая, что долг долгу розь и что есть разница между принцем и каретником. – Куда! дедушка бунтовал. Нет, да и только! Бабушка не знала, что делать.

С нею был коротко знаком человек очень замечательный. Вы слышали о графе Сен-Жермене, о котором рассказывают так много чудесного. Вы знаете, что он выдавал себя за Вечного Жида, за изобретателя жизненного эликсира и философского камня, и прочая. Над ним смеялись, как над шарлатаном, а Казанова в своих Записках говорит, что он был шпион; впрочем, Сен-Жермен, несмотря на свою таинственность, имел очень почтенную наружность и был в обществе человек очень любезный. Бабушка до сих пор любит его без памяти и сердится, если говорят об нём с неуважением. Бабушка знала, что Сен-Жермен мог располагать большими деньгами. Она решилась к нему прибегнуть. Написала ему записку и просила немедленно к ней приехать.

Старый чудак явился тотчас и застал в ужасном горе. Она описала ему самыми черными красками варварство мужа и сказала наконец, что всю свою надежду полагает на его дружбу и любезность.

Сен-Жермен задумался.

«Я могу услужить вам этой суммою, – сказал он, – но знаю, что вы не будете спокойны, пока со мной не расплатитесь, а я бы не желал вводить вас в новые хлопоты. Есть другое средство: вы можете отыграться». «Но, любезный граф, – отвечала бабушка, – я говорю вам, что у нас денег вовсе нет». – «Деньги тут не нужны, – возразил Сен-Жермен: – извольте меня выслушать». Тут он открыл ей тайну, за которую всякий из нас дорого бы дал...

Молодые игроки удвоили внимание. Томский закурил трубку, затянулся и продолжал.

В тот же самый вечер бабушка явилась в Версаль, au jeu de la Reine. Герцог Орлеанский метал; бабушка слегка извинилась, что не привезла своего долга, в оправдание сплела маленькую историю и стала против него понтировать. Она выбрала три карты, поставила их одна за другою: все три выиграли ей соника, и бабушка отыгралась совершенно.

– Случай! – сказал один из гостей.

– Сказка! – заметил Германн.

– Может статься, порошковые карты? – подхватил третий.

– Не думаю, – отвечал важно Томский.

– Как! – сказал Нарумов, – у тебя есть бабушка, которая угадывает три карты сряду, а ты до сих пор не перенял у ней её кабалистики?

– Да, чорта с два! – отвечал Томский, – у ней было четверо сыновей, в том числе и мой отец: все четыре отчаянные игроки, и ни одному не открыла она своей тайны; хоть это было бы не худо для них и даже для меня. Но вот что мне рассказывал дядя, граф Иван Ильич, и в чём он меня уверял честью. Покойный Чаплицкий, тот самый, который умер в нищете, промотав миллионы, однажды в молодости своей проиграл – помнится Зоричу – около трехсот тысяч. Он был в отчаянии. Бабушка, которая всегда была строга к шалостям молодых людей, как-то сжалилась над Чаплицким. Она дала ему три карты, с тем, чтоб он поставил их одну за другою, и взяла с него честное слово впредь уже никогда не играть. Чаплицкий явился к своему победителю: они сели играть. Чаплицкий поставил на первую карту пятьдесят тысяч и выиграл соника; загнул пароли, пароли-пе, – отыгрался и остался ещё в выигрыше...

– Однако пора спать: уже без четверти шесть.

В самом деле, уже рассветало: молодые люди допили свои рюмки и разъехались.

II

*– Il parait que monsieur est decidement pourles suivantes.
– Que voulez-vus, madame? Elles sont plus fraiches.*
Светский разговор.

Старая графиня *** сидела в своей уборной перед зеркалом. Три девушки окружали её. Одна держала банку румян, другая коробку со шпильками, третья высокий чепец с лентами огненного цвета. Графиня не имела ни малейшего притязания на красоту, давно увядшую, но сохраняла все привычки своей молодости, строго следовала модам семидесятых годов и одевалась так же долго, так же старательно, как и шестьдесят лет тому назад. У окошка сидела за пяльцами барышня, её воспитанница.

– Здравствуйте, grand'maman, – сказал, вошедши молодой офицер. – Bon jour, mademoiselle Lise. Grand'maman, я к вам с просьбою.

– Что такое, Paul?

– Позвольте представить одного из моих приятелей и привезти его к вам в пятницу на бал.

– Привези мне его прямо на бал, и тут мне его и представишь. Был ты вчерась у ***?

– Как же! очень было весело; танцевали до пяти часов. Как хороша была Елецкая!

– И, мой милый! Что в ней хорошего? Такова ли была её бабушка, княгиня Дарья Петровна?.. Кстати: я чай, она уж очень постарела, княгиня Дарья Петровна?

– Как, постарела? – отвечал рассеянно Томский, – она семь лет как умерла. Барышня подняла голову и сделала знак молодому человеку. Он вспомнил, что от старой графини таили смерть её ровесниц, и закусил себе губу. Но графиня услышала весть, для неё новую, с большим равнодушием.

– Умерла! – сказала она, – а я и не знала! Мы вместе были пожалованы во фрейлины, и когда мы представились, то государыня...

И графиня в сотый раз рассказала внуку свой анекдот.

– Ну, Paul, – сказала она потом, – теперь помоги мне встать. Лизанька, где моя табакерка?

И графиня со своими девушками пошла за ширмами оканчивать свой туалет. Томский остался с барышнею.

– Кого это вы хотите представить? – тихо спросила Лизавета Ивановна.

– Нарумова. Вы его знаете?

– Нет! Он военный или статский?

– Военный.

– Инженер?

– Нет! кавалерист. А почему вы думали, что он инженер? Барышня замеялась и не отвечала ни слова.

– Paul! – закричала графиня из-за ширмов, – пришли мне, какой-нибудь новый роман, только, пожалуйста, не из нынешних.

– Как это, grand'maman?

– То есть такой роман, где бы герой не давил ни отца, ни матери и где бы не было утопленных тел. Я ужасно боюсь утопленников!

– Таких романов нынче нет. Не хотите ли разве русских?

– А разве есть русские романы?.. Пришли, батюшка, пожалуйста, пришли!

– Простите, grand'maman: я спешу... Простите, Лизавета Ивановна! Почему же вы думаете, что Нарумов инженер?

– И Томский вышел из уборной.

Лизавета Ивановна осталась одна: она оставила работу и стала глядеть в окно. Вскоре на одной стороне улицы из-за угольного дома показался молодой офицер. Румянец покрыл её щеки: она принялась опять за работу и наклонила голову над самой канвою. В это время вошла графиня, совсем одетая.

– Прикажи, Лизанька, – сказала она, – карету закладывать, и поедем прогуляться. Лизанька встала из-за пяльцев и стала убирать свою работу.

— Что ты, мать моя! глуха, что ли! — закричала графиня. — Вели скорей закладывать карету.

— Сейчас! — отвечала тихо барышня и побежала в переднюю. Слуга вошел и подал графине книги от князя Павла Александровича.

— Хорошо! Благодарить, — сказала графиня. — Лизанька, Лизанька! да куда ж ты бежишь?

— Одеваться.

— Успеешь, матушка. Сиди здесь. Раскрой-ка первый том; читай вслух... Барышня взяла книгу и прочла несколько строк.

— Громче! — сказала графиня. — Что с тобою, мать моя? с голосу спала, что ли?.. Погоди: подвинь мне скамеечку ближе... ну!

Лизавета Ивановна прочла ещё две страницы. Графиня зевнула.

— Брось эту книгу, — сказала она. — что за вздор! Отошли это князю Павлу и вели благодарить... Да что же карета?

— Карета готова, — сказала Лизавета Ивановна, взглянув на улицу.

— Что же ты не одета? — сказала графиня, — всегда надобно тебя ждать! Это, матушка, несносно.

Лиза побежала в свою комнату. Не прошло двух минут, графиня начала звонить изо всей мочи. Три девушки вбежали в одну дверь, а камердинер в другую.

— Что это вас не докличешься? — сказала им графиня. — Сказать Лизавете Ивановне, что я её жду.

Лизавета Ивановна вошла в капоте и в шляпке.

— Наконец, мать моя! — сказала графиня. — Что за наряды! Зачем это?.. Кого прельщать?.. А какова погода? — кажется, ветер.

— Никак нет-с, ваше сиятельство! очень тихо-с! — отвечал камердинер.

— Вы всегда говорите наобум! Отворите форточку. Так и есть: ветер! и прехолодный! Отложить карету! Лизанька, мы не поедем: нечего было наряжаться.

«И вот моя жизнь!» — подумала Лизавета Ивановна.

В самом деле, Лизавета Ивановна была

пренесчастное создание. Горек чужой хлеб, говорит Данте, и тяжелы ступени чужого крыльца, а кому и знать горечь зависимости, как не бедной воспитаннице знатной старухи? Графиня ***, конечно, не имела злой души; но была своенравна, как женщина, избалованная светом, скупа и погружена в холодный эгоизм, как и все старые люди, отлюбившие в свой век и чуждые настоящему. Она участвовала во всех суетностях большого света, таскалась на балы, где сидела в углу, разрумяненная и одетая по старинной моде, как уродливое и необходимое украшение бальной залы; к ней с низкими поклонами подходили приезжающие гости, как по установленному обряду, и потом уже никто ею не занимался. У себя принимала она весь город, наблюдая строгий этикет и не узнавая никого в лицо. Многочисленная челядь её, разжирев и поседев в её передней и девичьей, делала, что хотела, наперерыв обкрадывая умирающую старуху. Лизавета Ивановна была домашней мученицею. Она разливала чай и получала выговоры за лишний расход сахара; она вслух читала романы и виновата была во всех ошибках автора; она сопровождала графиню в её прогулках и отвечала за погоду и за мостовую. Ей было назначено жалованье, которое никогда не доплачивали; а между тем требовали от неё, чтоб она одета была, как и все, то есть как очень немногие. В свете играла она самую жалкую роль. Все её знали и никто не замечал; на балах она танцевала только тогда, когда не хватало vis-a-vis, и дамы брали её под руку всякий раз, как им нужно было идти в уборную поправить что-нибудь в своём наряде. Она была самолюбива, живо чувствовала своё положение и глядела кругом себя, – с нетерпением ожидая избавителя; но молодые люди, расчетливые в ветреном своём тщеславии, не удостаивали её внимания, хотя Лизавета Ивановна была в сто раз милее наглых и холодных невест, около которых они увивались. Сколько раз, оставя тихонько скучную и пышную гостиную, она уходила плакать в бедной своей комнате, где стояли ширмы, оклеенные обоями, комод, зеркальце и крашеная кровать и где сальная свеча темно горела в медном шандале!

Однажды, – это случилось два дня после вечера, описанного в начале этой повести, и за неделю перед той сценой, на которой мы остановились, – однажды Лизавета Ивановна, сидя под окошком за пяльцами, нечаянно взглянула на улицу и увидела молодого инженера, стоящего неподвижно и устремившего глаза к её окошку. Она опустила голову и снова занялась работой; через пять минут взглянула опять, – молодой офицер стоял на том же месте. Не имея привычки кокетничать с прохожими офицерами, она перестала глядеть на улицу и шила около двух часов не поднимая головы. Подали обедать. Она встала, начала убирать свои пяльцы и, взглянув нечаянно на улицу, опять увидела офицера. Это показалось ей довольно странным. После обеда она подошла к окошку с чувством некоторого беспокойства, но уже офицера не было, – и она про него забыла...

Дня через два, выходя с графиней садиться в карету, она опять его увидела. Он стоял у самого подъезда, закрыв лицо бобровым воротником: черные глаза его сверкали из-под шляпы. Лизавета Ивановна испугалась, сама не зная чего, и села в карету с трепетом неизъяснимым.

Возвратясь домой, она подбежала к окошку, – офицер стоял на прежнем месте, устремив на неё глаза: она отошла, мучась любопытством и волнуемая чувством, для неё совершенно новым.

С того времени не проходило дня, чтоб молодой человек, в известный час, не являлся под окнами их дома. Между им и ею учредились неусловленные сношения. Сидя на своём месте за работой, она чувствовала его приближение, – подымала голову, смотрела на него с каждым днём долее и долее. Молодой человек, казалось, был за то ей благодарен: она видела острым взором молодости, как быстрый румянец покрывал его бледные щёки всякий раз, когда взоры их встречались. Через неделю она ему улыбнулась...

Когда Томский спросил позволения представить графине своего приятеля, сердце бедной девушки забилось. Но узнав, что Наумов не инженер, а конногвардеец, она сожалела, что нескромным вопросом высказала свою тайну ветреному Томскому.

Германн был сын обрусевшего немца, оставившего ему маленький капитал. Будучи твердо убеждён в необходимости упрочить свою независимость, Германн не касался и процентов, жил одним жалованьем, не позволял себе малейшей прихоти. Впрочем, он был скрытен и честолюбив, и товарищи его редко имели случай посмеяться над его излишней бережливостью. Он имел сильные страсти и огненное воображение, но твердость спасала его от обыкновенных заблуждений молодости. Так, например, будучи в душе игрок, никогда не брал он карты в руки, ибо рассчитал, что его состояние не позволяло ему (как сказывал он) *жертвовать необходимым в надежде приобрести излишнее*, – а между тем целые ночи просиживал за карточными столами и следовал с лихорадочным трепетом за различными оборотами игры.

Анекдот о трёх картах сильно подействовал на его воображение и целую ночь не выходил из его головы. «Что, если, – думал он на другой день вечером, бродя по Петербургу, – что, если старая графиня откроет мне свою тайну! – или назначит мне эти три верные карты! Почему ж не попробовать счастия?.. Представиться ей, подбиться в её милость, – пожалуй, сделаться её любовником, но на это требуется время – а ей восемьдесят семь лет, – она может умереть через неделю, —да через два дня!.. Да и самый анекдот?.. Можно ли ему верить?.. Нет! расчёт, умеренность и трудолюбие: вот мои три верные карты, вот что утроит, усемерит мой капитал и доставит мне покой и независимость!»

Рассуждая таким образом, очутился он в одной из главных улиц Петербурга, переддомом старинной архитектуры. Улица была заставлена экипажами, кареты одна за другою катились к освещенному подъезду. Из карет поминутно вытягивались то стройная нога молодой красавицы, то гремучая ботфорта, то полосатый чулок и дипломатический башмак. Шубы и плащи мелькали мимо величественного швейцара. Германн остановился.

– Чей это дом? – спросил он у углового будочника.

– Графини ***, – отвечал будочник.

Германн затрепетал. Удивительный анекдот снова представился его воображению. Он стал ходить около дома, думая об его хозяйке и о чудной её способности. Поздно воротился он в смиренный свой уголок; долго не мог заснуть, и, когда сон им овладел, ему пригрезились карты, зелёный стол, кипы ассигнаций и груды червонцев. Он ставил карту за картой, гнул углы решительно, выигрывал беспрестанно, и загребал к себе золото, и клал ассигнации в карман. Проснувшись уже поздно, он вздохнул о потере своего фантастического богатства, пошёл опять бродить по городу и опять очутился переддомом графини ***. Неведомая сила, казалось, привлекала его к нему. Он остановился и стал смотреть на окна. В одном увидел он черноволосую головку, наклоненную, вероятно, над книгой или над работой. Головка проподнялась. Германн увидел личико и чёрные глаза. Эта минута решила его участь.

III

Vous m'ecrivez, mon ange, des lettres de quatre pages plus vite que je ne puis les lire.
Переписка.

Только Лизавета Ивановна успела снять капот и шляпу, как уже графиня послала за нею и велела опять подавать карету. Они пошли садиться. В то самое время, как два лакея приподняли старуху и просунули в дверцы, Лизавета Ивановна у самого колеса увидела своего инженера; он схватил ее руку; она не могла опомниться от испугу, молодой человек исчез: письмо осталось в её руке. Она спрятала его за перчатку и во всю дорогу ничего не слыхала и не видала. Графиня имела обыкновение поминутно делать в карете вопросы: кто это с нами встретился? – как зовут этот мост? – что там написано на вывеске? Лизавета Ивановна на сей раз отвечала наобум и невпопад и рассердила графиню.

– Что с тобою сделалось, мать моя! Столбняк на тебя

нашёл, что ли? Ты меня или не слышишь или не понимаешь?.. Слава Богу, я не картавлю и из ума ещё не выжила!

Лизавета Ивановна её не слушала. Возвратясь домой, она побежала в свою комнату, вынула из-за перчатки письмо: оно было не запечатано. Лизавета Ивановна его прочитала. Письмо содержало в себе признание в любви: оно было нежно, почтительно и слово в слово взято из немецкого романа. Но Лизавета Ивановна по-немецки не умела и была очень им довольна.

Однако принятое ею письмо беспокоило её чрезвычайно. Впервые входила она в тайные, тесные сношения с молодым мужчиною. Его дерзость ужасала её. Она упрекала себя в неосторожном поведении и не знала, что делать: перестать ли сидеть у окошка и невниманием охладить в молодом офицере охоту к дальнейшим преследованиям? – отослать ли ему письмо?
– отвечать ли холодно и решительно? Ей не с кем было посоветоваться, у ней не было ни подруги, ни наставницы. Лизавета Ивановна решилась отвечать.

Она села за письменный столик, взяла перо, бумагу – и задумалась. Несколько раз начинала она своё письмо, – и рвала его: то выражения казались ей слишком снисходительными, то слишком жестокими. Наконец ей удалось написать несколько строк, которыми она осталась довольна. «Я уверена, – писала она, – что вы имеете честные намерения и что вы не хотели оскорбить меня необдуманным поступком; но знакомство наше не должно было начаться таким образом. Возвращаю вам письмо ваше и надеюсь, что не буду впредь иметь причины жаловаться на незаслуженное неуважение».

На другой день, увидя идущего Германна, Лизавета Ивановна встала из-за пяльцев, вышла в залу, отворила форточку и бросила письмо на улицу, надеясь на проворство молодого офицера. Германн подбежал, поднял его и вошёл в кондитерскую лавку. Сорвав печать, он нашёл своё письмо и ответ Лизаветы Ивановны. Он того и ожидал и возвратился домой, очень занятый своей интригою.

Три дня после того Лизавете Ивановне молоденькая, быстроглазая мамзель принесла записку из модной лавки. Лизавета Ивановна открыла её с беспокойством, предвидя денежные требования, и вдруг узнала руку Германна.

– Вы, душенька, ошиблись, – сказала она, – эта записка не ко мне.

– Нет, точно к вам! – отвечала смелая девушка, не скрывая лукавой улыбки. – Извольте прочитать!

Лизавета Ивановна пробежала записку. Германн требовал свидания.

– Не может быть! – сказала Лизавета Ивановна, испугавшись и поспешности требований и способу, им употреблённому. – Это писано верно не ко мне! – И разорвала письмо в мелкие кусочки.

– Коли письмо не к вам, зачем же вы его разорвали? – сказала мамзель, – я бы возвратила его тому, кто его послал.

– Пожалуйста, душенька! – сказала Лизавета Ивановна, вспыхнув от её замечания, – вперёд ко мне записок не носите. А тому, кто вас послал, скажите, что ему должно быть стыдно...

Но Германн не унялся. Лизавета Ивановна каждый день получала от него письма, то тем, то другим образом. Они уже не были переведены с немецкого. Германн писал их, вдохновенный страстию, и говорил языком, ему свойственным: в нём выражались и непреклонность его желаний и беспорядок необузданного воображения. Лизавета Ивановна уже не думала их отсылать: она упивалась ими; стала на них отвечать, – и её записки час от часу становились длиннее и нежнее. Наконец, она бросила ему в окошко следующее письмо:

«Сегодня бал у ***ского посланника. Графиня там будет. Мы останемся часов до двух. Вот вам случай увидеть меня наедине. Как скоро графиня уедет, её люди, вероятно, разойдутся, в сенях останется швейцар, но и он обыкновенно уходит в свою каморку. Приходите в половине двенадцатого. Ступайте прямо на лестницу. Коли вы найдёте кого в передней, то вы спросите, дома ли графиня. Вам скажут нет, – и делать нечего. Вы должны будете воротиться. Но, вероятно, вы не встретите никого. Девушки сидят у себя, все в одной комнате. Из передней ступайте налево, идите всё прямо до графининой спальни. В спальне за ширмами увидите две маленькие двери: справа в кабинет, куда графиня никогда не входит; слева в коридор, и тут же узенькая витая лестница: она ведёт в мою комнату».

Германн трепетал, как тигр, ожидая назначенного времени. В десять часов вечера он уж стоял перед домом графини. Погода была ужасная: ветер выл, мокрый снег падал хлопьями; фонари светили тускло; улицы были пусты. Изредка тянулся Ванька на тощей кляче своей, высматривая запоздалого седока. – Германн стоял в одном сюртуке, не чувствуя ни ветра, ни снега. Наконец графинину карету подали. Германн видел, как лакеи вынесли под руки сгорбленную старуху, укутанную в соболью шубу, и как вослед за нею, в холодном плаще, с головой, убранною свежими цветами, мелькнула её воспитанница. Дверцы захлопнулись. Карета тяжело покатилась по рыхлому снегу. Швейцар запер двери. Окна померкли. Германн стал ходить около опустевшего дома: он подошёл к фонарю, взглянул на часы, – было двадцать минут двенадцатого. Германн ступил на графинино крыльцо и взошёл в ярко освещенные сени. Швейцара не было. Германн взбежал по лестнице, отворил двери в переднюю и увидел слугу, спящего под лампою, в старинных, запачканных креслах. Лёгким и твёрдым шагом Германн прошёл мимо его. Зала и гостиная были темны. Лампа слабо освещала их из передней. Германн вошёл в спальню. Перед кивотом, наполненным старинными образами, теплилась золотая лампада. Полинялые штофные кресла и диваны с пуховыми подушками, с сошедшей позолотою, стояли в печальной симметрии около стен, обитых китайскими обоями. На стене висели два портрета, писанные в Париже m-me Lebrun. Один из них изображал мужчину лет сорока, румяного и полного, в светло-зелёном мундире и со звездою; другой – молодую красавицу с орлиным носом, с зачёсанными висками и с розою в пудренных волосах. По всем углам торчали фарфоровые пастушки, столовые часы работы славного Гегоу, коробочки, рулетки, веера и разные дамские игрушки, изобретённые в конце минувшего столетия вместе с Монгольфьеровым шаром и Месмеровым магнетизмом. Германн пошёл за ширмы. За ними стояла маленькая железная кровать; справа находилась дверь, ведущая в кабинет; слева, другая – в коридор. Германн её отворил, увидел узкую, витую лестницу, которая вела в комнату бедной воспитанницы... Но он воротился и вошёл в тёмный кабинет.

Время шло медленно. Всё было тихо. В гостиной пробило двенадцать; по всем комнатам часы одни за другими прозвонили двенадцать, – и всё умолкло опять. Германн стоял, прислонясь к холодной печке. Он был спокоен; сердце его билось ровно, как у человека, решившегося на что-то опасное, но необходимое. Часы пробили первый и второй час утра, – и он услышал дальний стук кареты. Невольное волнение овладело им. Карета подъехала и остановилась. Он услышал стук опускаемой подножки. В доме засуетились. Люди побежали, раздались голоса и дом осветился. В спальню вбежали три старые горничные, и графиня, чуть живая, вошла и опустилась в вольтеровы кресла. Германн глядел в щёлку: Лизавета Ивановна прошла мимо его. Германн услышал её торопливые шаги по ступеням лестницы. В сердце его отозвалось нечто похожее на угрызение совести и снова умолкло. Он окаменел.

Графиня стала раздеваться перед зеркалом. Откололи с неё чепец, украшенный розами; сняли напудренный парик с её седой и плотно остриженной головы. Булавки дождём сыпались около неё. Желтое платье, шитое серебром, упало к её распухшим ногам. Германн был свидетелем отвратительных таинств её туалета; наконец, графиня осталась в спальной кофте и ночном чепце: в этом наряде, более свойственном её старости, она казалась менее ужасна и безобразна.

Как и все старые люди вообще, графиня страдала бессонницею. Раздевшись, она села у окна в вольтеровы кресла и отослала горничных. Свечи вынесли, комната опять осветилась одною лампадою. Графиня сидела вся жёлтая, шевеля отвислыми губами, качаясь направо и налево. В мутных глазах её изображалось совершенное отсутствие мысли; смотря на неё, можно было бы подумать, что качание страшной старухи происходило не от её воли, но по действию скрытого гальванизма.

Вдруг это мёртвое лицо изменилось неизъяснимо. Губы перестали шевелиться, глаза оживились: перед графинею стоял незнакомый мужчина.

– Не пугайтесь, ради Бога, не пугайтесь! – сказал он внятным и тихим голосом. – Я не имею намерения вредить вам; я пришёл умолять вас об одной милости.

Старуха молча смотрела на него и, казалось, его не слыхала. Германн вообразил, что она глуха, и, наклонясь над самым её ухом, повторил ей то же самое. Старуха молчала по прежнему.

– Вы можете, – продолжал Германн, – составить счастие моей жизни, и оно ничего не будет вам стоить: я знаю, что вы можете угадать три карты сряду...

Германн остановился. Графиня, казалось, поняла, чего от неё требовали; казалось, она искала слов для своего ответа.

– Это была шутка, – сказала она наконец, – клянусь вам! это была шутка!

– Этим нечего шутить, – возразил сердито Германн. – Вспомните Чаплицкого, которому помогли вы отыграться.

Графиня видимо смутилась. Черты её изобразили сильное движение души, но она скоро впала в прежнюю бесчувственность.

– Можете ли вы, – продолжал Германн, – назначить мне эти три верные карты? Графиня молчала; Германн продолжал:

– Для кого вам беречь вашу тайну? Для внуков? Они богаты и без того: они же не знают и цены деньгам. Моту не помогут ваши три карты. Кто не умеет беречь отцовское наследство, тот всё-таки умрёт в нищете, несмотря ни на какие демонские усилия. Я не мот; я знаю цену деньгам. Ваши три карты для меня не пропадут. Ну!..

Он остановился и с трепетом ожидал её ответа.

Графиня молчала; Германн стал на колени.

– Если когда-нибудь, – сказал он, – сердце ваше знало чувство любви, если вы помните её восторги, если вы хоть раз улыбнулись при плаче новорожденного сына, если что-нибудь человеческое билось когда-нибудь в груди вашей, то умоляю вас чувствами супруги, любовницы, матери, – всем, что ни есть святого в жизни, – не откажите мне в моей просьбе! – откройте мне вашу тайну! – что вам в ней?.. Может быть, она сопряжена с ужасным грехом, с пагубою вечного блаженства, с дьявольским договором... Подумайте: вы стары; жить вам уж недолго, – я готов взять грех ваш на свою душу. Откройте мне только вашу тайну. Подумайте, что счастие человека находится в ваших руках; что не только я, но и дети мои, внуки и правнуки благославят вашу память и будут её чтить, как святыню...

Старуха не отвечала ни слова. Германн встал.

– Старая ведьма! – сказал он, стиснув зубы, – так я ж заставлю тебя отвечать... С этим словом он вынул из кармана пистолет.

При виде пистолета графиня во второй раз оказала сильное чувство. Она закивала головою и подняла руку, как бы заслоняясь от выстрела... Потом покатилась навзничь... и осталась недвижима.

– Перестаньте ребячиться, – сказал Германн, взяв её руку. – Спрашиваю в последний раз: хотите ли назначить мне ваши три карты? – да или нет?

Графиня не отвечала. Германн увидел, что она умерла.

IV

*7 Mai 18**. Homme sams mceurs et sans religion!*
Переписка.

Лизавета Ивановна сидела в своей комнате, ещё в бальном своём наряде, погружённая в глубокие размышления. Приехав домой, она спешила отослать заспанную девку, нехотя предлагавшую ей свою услугу, –

сказала, что разденется сама, и с трепетом вошла к себе, надеясь найти там Германна и желая не найти его. С первого взгляда она удостоверилась в его отсутствии и благодарила судьбу за препятствие, помешавшее их свиданию. Она села, не раздеваясь, и стала припоминать все обстоятельства, в такое короткое время и так далеко её завлёкшие. Не прошло и трёх недель с той поры, как она в первый раз увидела в окошко молодого человека, – и уже она была с ним в переписке, – и он успел вытребовать от неё ночное свидание! Она знала имя его потому только, что некоторые из его писем были им подписаны; никогда с ним не говорила, не слыхала его голоса, никогда о нём не слыхала... до самого сего вечера. Странное дело! В самый тот вечер, на бале, Томский, дуясь на молодую княжну Полину ***, которая, против обыкновения, кокетничала не с ним, желал отомстить, оказывая равнодушие: он позвал Лизавету Ивановну и танцевал с нею бесконечную мазурку. Во всё время шутил он над её пристрастием к инженерным офицерам, уверял, что он знает гораздо более, нежели можно было ей предполагать, и некоторые из его шуток были так удачно направлены, что Лизавета Ивановна думала несколько раз, что её тайна была ему известна.

– От кого вы всё это знаете? – спросила она, смеясь.

– От приятеля известной вам особы, – отвечал Томский, – человека очень замечательного!

– Кто же этот замечательный человек?

– Его зовут Германном.

Лизавета Ивановна не отвечала ничего, но её руки и ноги поледенели...

– Этот Германн, – продолжал Томский, – лицо истинно романтическое: у него профиль Наполеона, а душа Мефистофеля. Я думаю, что на его совести по крайней мере три злодейства. Как вы побледнели!..

– У меня голова болит... Что же говорил вам Германн, – или как бишь его?..

– Германн очень недоволен своим приятелем: он говорит, что на его месте он поступил бы совсем иначе... Я даже полагаю, что Германн сам имеет на вас виды, по крайней мере он очень неравнодушно слушает влюблённые восклицания своего приятеля.

– Да где ж он меня видел?

– В церкви, может быть – на гулянье!.. Бог его знает! может быть, в вашей комнате, во время вашего сна: от него станет...

Подошедшие к ним три дамы с вопросами – oubli ou regret? – прервали разговор, который становился мучительно любопытен для Лизаветы Ивановны.

Дама, выбранная Томским, была сама княжна ***. Она успела с ним изъясниться, обежав лишний круг и лишний раз повертевшись перед своим стулом. – Томский, возвратясь на своё место, уже не думал ни о Германне, ни о Лизавете Ивановне. Она непременно хотела возобновить прерванный разговор; но мазурка кончилась, и вскоре после старая графиня уехала.

Слова Томского были ни что иное, как мазурочная болтовня, но они глубоко заронились в душу молодой мечтательницы. Портрет, набросанный Томским, сходствовал с изображением, составленным ею самою, и, благодаря новейшим романам, это уже пошлое лицо пугало и пленяло её воображение. Она сидела, сложа крестом голые руки, наклонив на открытую грудь голову, ещё убранную цветами... Вдруг дверь отворилась, и Германн вошёл. Она затрепетала...

– Где же вы были? – спросила она испуганным шёпотом.

– В спальне у старой графини, – отвечал Германн, – я сейчас от неё. Графиня умерла.

– Боже мой!., что вы говорите?..

– И кажется, – продолжал Германн, – я причиною её смерти.

Лизавета Ивановна взглянула на него и слова Томского раздались у неё в душе: *у этого человека по крайней мере три злодейства на душе!* Германн сел на окошко подле неё и всё рассказал.

Лизавета Ивановна выслушала его с ужасом. Итак, эти страстные письма, эти пламенные требования, это дерзкое, упорное преследование, всё это было не любовь! Деньги, – вот чего алкала его душа! Не она могла утолить его желания и осчастливить его! Бедная воспитанница была не что иное, как слепая помощница разбойника, убийцы старой её благодетельницы!.. Горько заплакала она в позднем, мучительном своём раскаянии. Германн смотрел на неё молча: сердце его также терзалось, но ни слёзы бедной девушки, ни удивительная прелесть её горести не тревожили суровой души его. Он не чувствовал угрызения совести при мысли о мёртвой старухе. Одно его ужасало: невозвратная потеря тайны, от которой ожидал обогащения.

– Вы чудовище! – сказала наконец Лизавета Ивановна.

– Я не хотел её смерти, – отвечал Германн, – пистолет мой не заряжен. Они замолчали.

Утро наступало. Лизавета Ивановна погасила догорающую свечу: бледный свет озарил её комнату. Она отёрла заплаканные глаза и подняла их на Германна: он сидел на окошке, сложа руки и грозно нахмурясь. В этом положении удивительно напоминал он портрет Наполеона. Это сходство поразило даже Лизавету Ивановну.

Как вам выйти из дому? – сказала наконец Лизавета Ивановна. – Я думала провести вас по потаённой лестнице, но надобно идти мимо спальни, а я боюсь.

– Расскажите мне, как найти эту потаённую лестницу; я выйду.

Лизавета Ивановна встала, вынула из комода ключ, вручила его Германну и дала ему подробное наставление. Германн пожал её холодную безответную руку, поцеловал её наклоненную голову и вышел.

Он спустился вниз по витой лестнице и вошёл опять в спальню графини. Мёртвая старуха сидела окаменев; лицо её выражало глубокое спокойствие. Германн остановился перед нею, долго смотрел не неё, как бы желая удостовериться в ужасной истине; наконец вошёл в кабинет, ощупал за обоями дверь и стал сходить по тёмной лестнице, волнуемый странными чувствованиями. По этой самой лестнице, думал он, может быть, лет шестьдесят назад, в эту самую спальню, в такой же час, в шитом кафтане, причёсанный а l'oiseau royal, прижимая к сердцу треугольную шляпу, прокрадывался молодой счастливец, давно уже истлевший в могиле, а сердце престарелой его любовницы сегодня перестало биться...

Под лестницею Германн нашёл дверь, которую отпер тем же ключом, и очутился в сквозном коридоре, выведшем его на улицу.

V

> *В эту ночь явилась ко мне покойница баронесса фон В***. Она была вся в белом и сказала мне: «Здравствуйте, господин советник!»*
> **Шведенборг.**

Три дня после роковой ночи, в девять часов утра, Германн отправился в *** монастырь, где должны были отпевать тело усопшей графини. Не чувствуя раскаяния, он не мог однако совершенно заглушить голос совести, твердивший ему: ты убийца старухи! Имея мало истинной веры, он имел множество предрассудков. Он верил, что мёртвая графиня могла иметь вредное влияние на его жизнь, – и решился явиться на её похороны, чтобы испросить у ней прощения.

Церковь была полна. Германн насилу мог пробраться сквозь толпу народа. Гроб стоял на богатом катафалке под бархатным балдахином. Усопшая лежала в нём с руками, сложенными на груди, в кружевном чепце и в белом атласном платье. Кругом стояли её домашние: слуги в чёрных кафтанах с гербовыми лентами на плече и со свечами в руках; родственники в глубоком трауре, – дети, внуки и правнуки. Никто не плакал; слёзы были бы – une affectation. Графиня была так стара, что смерть её никого не могла поразить и что её родственники давно смотрели на неё, как на отжившую. Молодой архиерей произнёс надгробное слово. В простых и трогательных выражениях представил он мирное успение праведницы, которой долгие годы были тихим, умилительным проготовлением к христианской кончине. «Ангел смерти обрёл её, – сказал оратор, – бодрствующую в помышлениях благих и в ожидании жениха полунощного». Служба совершилась с печальным приличием. Родственники первые пошли прощаться с телом. Потом двинулись и многочисленные гости, приехавшие поклониться той, которая так давно была участницею в их суетных увеселениях. После них и все домашние. Наконец приблизилась старая барская барыня, ровесница покойницы. Две молодые девушки вели её под руки. Она не в силах была поклониться до земли, – и одна пролила несколько слёз, поцеловав холодную руку госпожи своей. После неё Германн решился подойти ко гробу. Он поклонился в землю и несколько минут лежал на холодном полу, усыпанном ельником. Наконец приподнялся, бледен как сама покойница, взошёл на ступени катафалка и наклонился...

В эту минуту показалось ему, что мёртвая насмешливо взглянула на него, прищуривая одним глазом. Германн поспешно подавшись назад, оступился и навзничь грянулся об земь. Его подняли. В то же самое время Лизавету Ивановну вынесли в обмороке на паперть. Этот эпизод возмутил на несколько минут торжественность мрачного обряда. Между посетителями поднялся глухой ропот, а худощавый камергер, близкий родственник покойницы, шепнул на ухо стоящему подле него англичанину, что молодой офицер её побочный сын, на что англичанин отвечал холодно: Oh?

Целый день Германн был чрезвычайно расстроен. Обедая в уединённом трактире, он, против обыкновения своего, пил очень много, в надежде заглушить внутреннее волнение. Но вино ещё более горячило его воображение. Возвратясь домой, он бросился, не раздеваясь, на кровать и крепко уснул.

Он проснулся уже ночью: луна озаряла его комнату. Он взглянул на часы: было без четверти три. Сон у него прошёл; он сел на кровать и думал о похоронах старой графини.

В это время кто-то с улицы заглянул к нему в окошко, – и тотчас отошёл. Германн не обратил на то никакого внимания. Чрез минуту услышал он, что отпирали дверь в передней комнате. Германн думал, что денщик его, пьяный по своему обыкновению, возвращался с ночной прогулки. Но он услышал незнакомую походку: кто-то ходил, тихо шаркая туфлями. Дверь отворилась, вошла женщина в белом платье. Германн принял её за свою старую кормилицу и удивился, что могло привести её в такую пору. Но белая женщина, скользнув, очутилась вдруг перед ним, – и Германн узнал графиню!

– Я пришла к тебе против своей воли, – сказала она твёрдым голосом, – но мне велено исполнить твою просьбу. Тройка, семёрка и туз выиграют тебе сряду, – но с тем, чтобы ты в сутки более одной карты не ставил и чтоб во всю жизнь уже после не играл. Прощаю тебе мою смерть, с тем, чтоб ты женился на моей воспитаннице Лизавете Ивановне...

С этим словом она тихо повернулась, пошла к дверям и скрылась, шаркая туфлями. Германн слышал, как хлопнула дверь в сенях, и увидел, что кто-то опять поглядел к нему в окошко.

Германн долго не мог опомниться. Он вышел в другую комнату. Денщик его спал на полу; Германн насилу его добудился. Денщик был пьян по обыкновению: от него нельзя было добиться никакого толка. Дверь в сени была заперта. Германн возвратился в свою комнату, засветил там свечку и записал своё видение.

VI

Атанде!
Как вы смели мне сказать атанде?
Ваше превосходительство, я сказал атанде-с!

Две неподвижные идеи не могут вместе существовать в нравственной природе, так же, как два тела не могут в физическом мире занимать одно и то же место. Тройка, семёрка, туз – скоро заслонили в воображении

Германна образ мёртвой старухи. Тройка, семёрка, туз – не выходили из его головы и шевелились на его губах. Увидев молодую девушку, он говорил: «Как она стройна!.. Настоящая тройка червонная». У него спрашивали: «который час», он отвечал: «без пяти минут семёрка». Всякий пузатый мужчина напоминал ему туза. Тройка, семёрка, туз – преследовали его во сне, принимая все возможные виды: тройка цвела перед ним в образе пышного грандифлора, семёрка представлялась готическими воротами, туз огромным пауком. Все мысли его слились в одну, – воспользоваться тайной, которая дорого ему стоила. Он стал думать об отставке и о путешествии. Он хотел в открытых игрецких домах Парижа вынудить клад у очарованной фортуны. Случай избавил его от хлопот.

В Москве составилось общество богатых игроков, под председательством славного Чекалинского, проведшего весь век за картами и нажившего некогда миллионы, выигрывая векселя и проигрывая чистые деньги. Долговременная опытность заслужила ему доверенность товарищей, а открытый дом, славный повар, ласковость и весёлость приобрели уважение публики. Он приехал в Петербург. Молодёжь к нему нахлынула, забывая балы для карт и предпочитая соблазны фараона обольщениям волокитства. Нарумов привёз к нему Германна.

Они прошли ряд великолепных комнат, наполненных учтивыми официантами. Несколько генералов и тайных советников играли в вист; молодые люди сидели, развалясь на штофных диванах, ели мороженое и курили трубки. В гостиной за длинным столом, около которого теснилось человек двадцать игроков, сидел хозяин и метал банк. Он был человек лет шестидесяти, самой почтенной наружности; голова покрыта была серебряной сединою; полное и свежее лицо изображало добродушие; глаза блистали, оживлённые всегдашнею улыбкою. Нарумов представил ему Германна. Чекалинский дружески пожал ему руку, просил не церемониться и продолжал метать.

Талья длилась долго. На столе стояло более тридцати карт. Чекалинский останавливался после каждой прокладки, чтобы дать играющим время распорядиться, записывал проигрыш, учтиво вслушивался в их требования, ещё учтивее отгибал лишний угол, загибаемый рассеянною рукою. Наконец талья кончилась. Чекалинский стасовал карты и приготовился метать другую.

– Позвольте поставить карту, – сказал Германн, протягивая руку из-за толстого господина, тут же понтировавшего. Чекалинский улыбнулся и поклонился, молча, в знак покорного согласия. Нарумов, смеясь поздравил Германна с разрешением долговременного поста и пожелал ему счастливого начала.

– Идёт! – сказал Германн, надписав мелом куш над своей картою.

– Сколько-с? – спросил, прищуриваясь, банкомёт, – извините-с, я не разгляжу.

– Сорок семь тысяч, – отвечал Германн.

При этих словах все головы обратились мгновенно, и все глаза устремились на Германна. – Он с ума сошёл! – подумал Нарумов.

– Позвольте заметить вам, – сказал Чекалинский с неизменной своею улыбкою, – что игра ваша сильна: никто более двухсот семидесяти пяти семпелем здесь ещё не ставил.

– Что ж? – возразил Германн, – бьёте вы мою карту или нет? Чекалинский поклонился с видом того же смиренного согласия.

– Я хотел только вам доложить, – сказал он, – что, будучи удостоен доверенности товарищей, я не могу метать иначе, как на чистые деньги. С моей стороны я конечно уверен, что довольно вашего слова, но для порядка игры и счетов прошу вас поставить деньги на карту.

Германн вынул из карман банковый билет и подал его Чекалинскому, который, бегло посмотрев его, положил на Германнову карту.

Он стал метать. Направо легла девятка, налево тройка.

– Выиграла! – сказал Германн, показывая свою карту.

Между игроками поднялся шёпот. Чекалинский нахмурился, но улыбка тотчас возвратилась на его лицо.

– Изволите получить? – спросил он Германна.

– Сделайте одолжение.

Чекалинский вынул из кармана несколько банковых билетов и тотчас расчёлся. Германн принял свои деньги и отошёл от стола. Нарумов не мог опомниться. Германн выпил стакан лимонаду и отправился домой.

На другой день вечером он опять явился у Чекалинского. Хозяин метал. Германн подошёл к столу; понтеры тотчас дали ему место. Чекалинский ласково ему поклонился.

Германн дождался новой тальи, оставил карту, положив на неё свои сорок семь тысяч и вчерашний выигрыш.

Чекалинский стал метать. Валет выпал направо, семёрка налево.

Германн открыл семёрку.

Все ахнули. Чекалинский видимо смутился. Он отсчитал девяносто четыре тысячи и передал Германну. Германн принял их с хладнокровием и в ту же минуту удалился.

В следующий вечер Германн явился опять у стола. Все его ожидали. Генералы и тайные советники оставили свой вист, чтоб видеть игру, столь необыкновенную. Молодые офицеры соскочили с диванов; все официанты собрались в гостиной. Все обступили Германна. Прочие игроки не поставили своих карт, с нетерпением ожидая, чем он кончит. Германн стоял у стола, готовясь один понтировать противу бледного, но всё улыбающегося Чекалинского. Каждый распечатал колоду карт. Чекалинский стасовал. Германн снял и поставил свою карту, покрыв её кипой банковых билетов. Это похоже было на поединок. Глубокое молчание царствовало кругом.

Чекалинский стал метать, руки его тряслись. Направо легла дама, налево туз.

– Туз выиграл! – сказал Германн и открыл свою карту.

– Дама ваша убита, – сказал ласково Чекалинский.

Германн вздрогнул: в самом деле, вместо туза у него

стояла пиковая дама. Он не верил своим глазам, не понимая, как мог он обдёрнуться.

В эту минуту ему показалось, что пиковая дама прищурилась и усмехнулась. Необыкновенное сходство поразило его...

– Старуха! – закричал он в ужасе.

Чекалинский потянул к себе проигранные билеты. Германн стоял неподвижно. Когда отошёл он от стола, поднялся шумный говор. – Славно спонтировал! – говорили игроки. – Чекалинский снова стасовал карты: игра пошла своим чередом.

Заключение

Германн сошёл с ума. Он сидит в Обуховской больнице в 17-м нумере, не отвечает ни на какие вопросы и бормочет необыкновенно скоро: «Тройка, семёрка, туз! Тройка, семёрка, дама!..»

Лизавета Ивановна вышла замуж за очень любезного молодого человека; он где-то служит и имеет порядочное состояние: он сын бывшего управителя у старой графини. У Лизаветы Ивановны воспитывается бедная родственница.

Томский произведён в ротмистры и женится на княжне Полине.

МЕДНЫЙ ВСАДНИК
Петербургская повесть

Предисловие

Происшествие, описанное в сей повести, основано на истине. Подробности наводнения заимствованы из тогдашних журналов. Любопытные могут справиться с известием, составленным *В. Н. Берхом.*

Вступление

На берегу пустынных волн
Стоял *он* , дум великих полн,
И вдаль глядел. Пред ним широко
Река неслася; бедный чёлн
По ней стремился одиноко.
По мшистым, топким берегам
Чернели избы здесь и там,
Приют убогого чухонца;
И лес, неведомый лучам
В тумане спрятанного солнца,
Кругом шумел.
      И думал он:
Отсель грозить мы будем шведу,
Здесь будет город заложен
На зло надменному соседу.
Природой здесь нам суждено
В Европу прорубить окно,
Ногою твердой стать при море.
Сюда по новым им волнам
Все флаги в гости будут к нам,
И запируем на просторе.

Прошло сто лет, и юный град,
Полнощных стран краса и диво,
Из тьмы лесов, из топи блат
Вознесся пышно, горделиво;
Где прежде финский рыболов,
Печальный пасынок природы,
Один у низких берегов
Бросал в неведомые воды
Свой ветхой невод, ныне там,
По оживленным берегам,
Громады стройные теснятся
Дворцов и башен; корабли
Толпой со всех концов земли
К богатым пристаням стремятся;
В гранит оделася Нева;
Мосты повисли над водами;
Темно-зелеными садами
Ее покрылись острова,
И перед младшею столицей
Померкла старая Москва,
Как перед новою царицей
Порфироносная вдова.

Люблю тебя, Петра творенье,
Люблю твой строгий, стройный вид,
Невы державное теченье,
Береговой ее гранит,
Твоих оград узор чугунный,
Твоих задумчивых ночей
Прозрачный сумрак, блеск безлунный,
Когда я в комнате моей
Пишу, читаю без лампады,
И ясны спящие громады
Пустынных улиц, и светла
Адмиралтейская игла,
И, не пуская тьму ночную
На золотые небеса,
Одна заря сменить другую

Спешит, дав ночи полчаса[1].
Люблю зимы твоей жестокой
Недвижный воздух и мороз,
Бег санок вдоль Невы широкой,
Девичьи лица ярче роз,
И блеск, и шум, и говор балов,
А в час пирушки холостой
Шипенье пенистых бокалов
И пунша пламень голубой.
Люблю воинственную живость
Потешных Марсовых полей,
Пехотных ратей и коней
Однообразную красивость,
В их стройно зыблемом строю
Лоскутья сих знамен победных,
Сиянье шапок этих медных,
На сквозь простреленных в бою.
Люблю, военная столица,
Твоей твердыни дым и гром,
Когда полнощная царица
Дарует сына в царской дом,
Или победу над врагом
Россия снова торжествует,
Или, взломав свой синий лед,
Нева к морям его несет
И, чуя вешни дни, ликует.

 Красуйся, град Петров, и стой
Неколебимо как Россия,
Да умирится же с тобой
И побежденная стихия;
Вражду и плен старинный свой
Пусть волны финские забудут

---

1 Мицкевич прекрасными стихами описал день, предшествовавший Петербургскому наводнению, в одном из лучших своих стихотворений — Oleszkiewicz. Жаль только, что описание его не точно. Снегу не было — Нева не была покрыта льдом. Наше описание вернее, хотя в нем и нет ярких красок польского поэта.

И тщетной злобою не будут
Тревожить вечный сон Петра!

Была ужасная пора,
Об ней свежо воспоминанье...
Об ней, друзья мои, для вас
Начну свое повествованье.
Печален будет мой рассказ.

Часть первая

Над омраченным Петроградом
Дышал ноябрь осенним хладом.
Плеская шумною волной
В края своей ограды стройной,
Нева металась, как больной
В своей постеле беспокойной.
Уж было поздно и темно;
Сердито бился дождь в окно,
И ветер дул, печально воя.
В то время из гостей домой
Пришел Евгений молодой...
Мы будем нашего героя
Звать этим именем. Оно
Звучит приятно; с ним давно
Мое перо к тому же дружно.
Прозванья нам его не нужно,
Хотя в минувши времена
Оно, быть может, и блистало
И под пером Карамзина
В родных преданьях прозвучало;
Но ныне светом и молвой
Оно забыто. Наш герой
Живет в Коломне; где-то служит,
Дичится знатных и не тужит
Ни о почиющей родне,
Ни о забытой старине.

Итак, домой пришед, Евгений
Стряхнул шинель, разделся, лег.
Но долго он заснуть не мог
В волненье разных размышлений.
О чем же думал он? о том,
Что был он беден, что трудом
Он должен был себе доставить
И независимость и честь;
Что мог бы бог ему прибавить
Ума и денег. Что ведь есть
Такие праздные счастливцы,
Ума недальнего, ленивцы,
Которым жизнь куда легка!
Что служит он всего два года;
Он также думал, что погода
Не унималась; что река
Всё прибывала; что едва ли
С Невы мостов уже не сняли
И что с Парашей будет он
Дни на два, на три разлучен.
Евгений тут вздохнул сердечно
И размечтался, как поэт:

«Жениться? Мне? зачем же нет?
Оно и тяжело, конечно;
Но что ж, я молод и здоров,
Трудиться день и ночь готов;
Он кое-как себе устрою
Приют смиренный и простой
И в нем Парашу успокою.
Пройдет, быть может, год-другой —
Местечко получу, — Параше
Препоручу хозяйство наше
И воспитание ребят...
И станем жить, и так до гроба
Рука с рукой дойдем мы оба,
И внуки нас похоронят...»

Так он мечтал. И грустно было
Ему в ту ночь, и он желал,
Чтоб ветер выл не так уныло
И чтобы дождь в окно стучал
Не так сердито...
            Сонны очи
Он наконец закрыл. И вот
Редеет мгла ненастной ночи
И бледный день уж настает...[1]
Ужасный день!
            Нева всю ночь
Рвалася к морю против бури,
Не одолев их буйной дури...
И спорить стало ей невмочь...
Поутру над ее брегами
Теснился кучами народ,
Любуясь брызгами, горами
И пеной разъяренных вод.
Но силой ветров от залива
Перегражденная Нева
Обратно шла, гневна, бурлива,
И затопляла острова,
Погода пуще свирепела,
Нева вздувалась и ревела,
Котлом клокоча и клубясь,
И вдруг, как зверь остервенясь,
На город кинулась. Пред нею
Всё побежало; всё вокруг
Вдруг опустело — воды вдруг
Втекли в подземные подвалы,
К решеткам хлынули каналы,
И всплыл Петрополь как тритон,
По пояс в воду погружен.

---

1 Мицкевич прекрасными стихами описал день, предшествовавший Петербургскому наводнению, в одном из лучших своих стихотворений — Oleszkiewicz. Жаль только, что описание его не точно. Снегу не было — Нева не была покрыта льдом. Наше описание вернее, хотя в нем и нет ярких красок польского поэта.

Осада! приступ! злые волны,
Как воры, лезут в окна. Челны
С разбега стекла бьют кормой.
Лотки под мокрой пеленой,
Обломки хижин, бревны, кровли,
Товар запасливой торговли,
Пожитки бледной нищеты,
Грозой снесенные мосты,
Гроба с размытого кладбища
Плывут по улицам!
    Народ
Зрит божий гнев и казни ждет.
Увы! всё гибнет: кров и пища!
Где будет взять?
     В тот грозный год
Покойный царь еще Россией
Со славой правил. На балкон,
Печален, смутен, вышел он
И молвил: «С божией стихией
Царям не совладеть». Он сел
И в думе скорбными очами
На злое бедствие глядел.
Стояли стогны озерами,
И в них широкими реками
Вливались улицы. Дворец
Казался островом печальным.
Царь молвил — из конца в конец,
По ближним улицам и дальным
В опасный путь средь бурных вод
Его пустились генералы[1]
Спасать и страхом обуялый
И дома тонущий народ.

Тогда, на площади Петровой,
Где дом в углу вознесся новый,
Где над возвышенным крыльцом
С подъятой лапой, как живые,
Стоят два льва сторожевые,

---
[1] Граф Милорадович и генерал-адъютант Бенкендорф.

На звере мраморном верьхом,
Без шляпы, руки сжав крестом,
Сидел недвижный, страшно бледный
Евгений. Он страшился, бедный,
Не за себя. Он не слыхал,
Как подымался жадный вал,
Ему подошвы подмывая,
Как дождь ему в лицо хлестал,
Как ветер, буйно завывая,
С него и шляпу вдруг сорвал.
Его отчаянные взоры
На край один наведены
Недвижно были. Словно горы,
Из возмущенной глубины
Вставали волны там и злились,
Там буря выла, там носились
Обломки... Боже, боже! там —
Увы! близехонько к волнам,
Почти у самого залива —
Забор некрашеный, да ива
И ветхий домик: там оне,
Вдова и дочь, его Параша,
Его мечта... Или во сне
Он это видит? иль вся наша
И жизнь ничто, как сон пустой,
Насмешка неба над землей?

И он, как будто околдован,
Как будто к мрамору прикован,
Сойти не может! Вкруг него
Вода и больше ничего!
И, обращен к нему спиною,
В неколебимой вышине,
Над возмущенною Невою
Стоит с простертою рукою
Кумир на бронзовом коне.

Часть вторая

Но вот, насытясь разрушеньем
И наглым буйством утомясь,
Нева обратно повлеклась,
Своим любуясь возмущеньем
И покидая с небреженьем
Свою добычу. Так злодей,
С свирепой шайкою своей
В село ворвавшись, ломит, режет,
Крушит и грабит; вопли, скрежет,
Насилье, брань, тревога, вой!..
И, грабежом отягощенны,
Боясь погони, утомленны,
Спешат разбойники домой,
Добычу на пути роняя.

Вода сбыла, и мостовая
Открылась, и Евгений мой
Спешит, душою замирая,
В надежде, страхе и тоске
К едва смирившейся реке.
Но, торжеством победы полны,
Еще кипели злобно волны,
Как бы под ними тлел огонь,
Еще их пена покрывала,
И тяжело Нева дышала,
Как с битвы прибежавший конь.
Евгений смотрит: видит лодку;
Он к ней бежит как на находку;
Он перевозчика зовет —
И перевозчик беззаботный
Его за гривенник охотно
Чрез волны страшные везет.

И долго с бурными волнами
Боролся опытный гребец,
И скрыться вглубь меж их рядами

Всечасно с дерзкими пловцами
Готов был челн — и наконец
Достиг он берега.
           Несчастный
Знакомой улицей бежит
В места знакомые. Глядит,
Узнать не может. Вид ужасный!
Всё перед ним завалено;
Что сброшено, что снесено;
Скривились домики, другие
Совсем обрушились, иные
Волнами сдвинуты; кругом,
Как будто в поле боевом,
Тела валяются. Евгений
Стремглав, не помня ничего,
Изнемогая от мучений,
Бежит туда, где ждет его
Судьба с неведомым известьем,
Как с запечатанным письмом.
И вот бежит уж он предместьем,
И вот залив, и близок дом...
Что ж это?..
           Он остановился.
Пошел назад и воротился.
Глядит... идет... еще глядит.
Вот место, где их дом стоит;
Вот ива. Были здесь вороты —
Снесло их, видно. Где же дом?
И, полон сумрачной заботы,
Все ходит, ходит он кругом,
Толкует громко сам с собою —
И вдруг, ударя в лоб рукою,
Захохотал.
           Ночная мгла
На город трепетный сошла;
Но долго жители не спали
И меж собою толковали
О дне минувшем.
           Утра луч

Из-за усталых, бледных туч
Блеснул над тихою столицей
И не нашел уже следов
Беды вчерашней; багряницей
Уже прикрыто было зло.
В порядок прежний всё вошло.
Уже по улицам свободным
С своим бесчувствием холодным
Ходил народ. Чиновный люд,
Покинув свой ночной приют,
На службу шел. Торгаш отважный,
Не унывая, открывал
Невой ограбленный подвал,
Сбираясь свой убыток важный
На ближнем выместить. С дворов
Свозили лодки.
    Граф Хвостов,
Поэт, любимый небесами,
Уж пел бессмертными стихами
Несчастье невских берегов.

 Но бедный, бедный мой Евгений ...
Увы! его смятенный ум
Против ужасных потрясений
Не устоял. Мятежный шум
Невы и ветров раздавался
В его ушах. Ужасных дум
Безмолвно полон, он скитался.
Его терзал какой-то сон.
Прошла неделя, месяц — он
К себе домой не возвращался.
Его пустынный уголок
Отдал внаймы, как вышел срок,
Хозяин бедному поэту.
Евгений за своим добром
Не приходил. Он скоро свету
Стал чужд. Весь день бродил пешком,
А спал на пристани; питался
В окошко поданным куском.

Одежда ветхая на нем
Рвалась и тлела. Злые дети
Бросали камни вслед ему.
Нередко кучерские плети
Его стегали, потому
Что он не разбирал дороги
Уж никогда; казалось — он
Не примечал. Он оглушен
Был шумом внутренней тревоги.
И так он свой несчастный век
Влачил, ни зверь ни человек,
Ни то ни сё, ни житель света,
Ни призрак мертвый...
                    Раз он спал
У невской пристани. Дни лета
Клонились к осени. Дышал
Ненастный ветер. Мрачный вал
Плескал на пристань, ропща пени
И бьясь об гладкие ступени,
Как челобитчик у дверей
Ему не внемлющих судей.
Бедняк проснулся. Мрачно было:
Дождь капал, ветер выл уныло,
И с ним вдали, во тьме ночной
Перекликался часовой...
Вскочил Евгений; вспомнил живо
Он прошлый ужас; торопливо
Он встал; пошел бродить, и вдруг
Остановился — и вокруг
Тихонько стал водить очами
С боязнью дикой на лице.
Он очутился под столбами
Большого дома. На крыльце
С подъятой лапой, как живые,
Стояли львы сторожевые,
И прямо в темной вышине
Над огражденною скалою
Кумир с простертою рукою
Сидел на бронзовом коне.

Евгений вздрогнул. Прояснились
В нем страшно мысли. Он узнал
И место, где потоп играл,
Где волны хищные толпились,
Бунтуя злобно вкруг него,
И львов, и площадь, и того,
Кто неподвижно возвышался
Во мраке медною главой,
Того, чьей волей роковой
Под морем город основался...
Ужасен он в окрестной мгле!
Какая дума на челе!
Какая сила в нем сокрыта!
А в сем коне какой огонь!
Куда ты скачешь, гордый конь,
И где опустишь ты копыта?
О мощный властелин судьбы!
Не так ли ты над самой бездной
На высоте, уздой железной
Россию поднял на дыбы?[1]

    Кругом подножия кумира
Безумец бедный обошел
И взоры дикие навел
На лик державца полумира.
Стеснилась грудь его. Чело
К решетке хладной прилегло,
Глаза подернулись туманом,
По сердцу пламень пробежал,
Вскипела кровь. Он мрачен стал
Пред горделивым истуканом
И, зубы стиснув, пальцы сжав,
Как обуянный силой черной,
«Добро, строитель чудотворный! —
Шепнул он, злобно задрожав, —
Ужо тебе!..» И вдруг стремглав

---

1 Смотри описание памятника в Мицкевиче. Оно заимствовано из Рубана — как замечает сам Мицкевич.

Бежать пустился. Показалось
Ему, что грозного царя,
Мгновенно гневом возгоря,
Лицо тихонько обращалось...
И он по площади пустой
Бежит и слышит за собой —
Как будто грома грохотанье —
Тяжело-звонкое скаканье
По потрясенной мостовой.
И, озарен луною бледной,
Простерши руку в вышине,
За ним несется Всадник Медный
На звонко-скачущем коне;
И во всю ночь безумец бедный,
Куда стопы ни обращал,
За ним повсюду Всадник Медный
С тяжелым топотом скакал.

   И с той поры, когда случалось
Идти той площадью ему,
В его лице изображалось
Смятенье. К сердцу своему
Он прижимал поспешно руку,
Как бы его смиряя муку,
Картуз изношенный сымал,
Смущенных глаз не подымал
И шел сторонкой.

            Остров малый
На взморье виден. Иногда
Причалит с неводом туда
Рыбак на ловле запоздалый
И бедный ужин свой варит,
Или чиновник посетит,
Гуляя в лодке в воскресенье,
Пустынный остров. Не взросло
Там ни былинки. Наводненье
Туда, играя, занесло
Домишко ветхой. Над водою

Остался он как черный куст.
Его прошедшею весною
Свезли на барке. Был он пуст
И весь разрушен. У порога
Нашли безумца моего,
И тут же хладный труп его
Похоронили ради бога.

1833

Из ранних редакций

Из рукописей поэмы

После стихов *«И что с Парашей будет он // Дни на два, на три разлучен»*:

Тут он разнежился сердечно
И размечтался, как поэт:
«А почему ж? зачем же нет?
Я небогат, в том нет сомненья,
И у Параши нет именья,
Ну что ж? какое дело нам,
Ужели только богачам
Жениться можно? Я устрою
Себе смиренный уголок
И в нем Парашу успокою.
Кровать, два стула; щей горшок
Да сам большой; чего мне боле?
Не будем прихотей мы знать,
По воскресеньям летом в поле
С Парашей буду я гулять;
Местечко выпрошу; Параше
Препоручу хозяйство наше
И воспитание ребят...
И станем жить — и так до гроба
Рука с рукой дойдем мы оба,

И внуки нас похоронят...»

После стиха «*И дома тонущий народ*»:

Со сна идет к окну сенатор
И видит — в лодке по Морской
Плывет военный губернатор.
Сенатор обмер: «Боже мой!
Сюда, Ванюша! стань немножко,
Гляди: что видишь ты в окошко?»
— Я вижу-с: в лодке генерал
Плывет в ворота, мимо будки.
«Ей-богу?» — Точно-с. — «Кроме шутки?»
— Да так-с. — Сенатор отдохнул
И просит чаю: «Слава богу!
Ну! Граф наделал мне тревогу,
Я думал: я с ума свихнул».

Черновой набросок описания Евгения

Он был чиновник небогатый,
Безродный, круглый сирота,
Собою бледный, рябоватый,
Без роду, племени, связей,
Без денег, то есть без друзей,
А впрочем, гражданин столичный,
Каких встречаете вы тьму,
От вас нимало не отличный
Ни по лицу, ни по уму.
Как все, он вел себя нестрого,
Как вы, о деньгах думал много,
Как вы, сгрустнув, курил табак,
Как вы, носил мундирный фрак.

ЦЫГАНЫ

***

Цыганы шумною толпой
По Бессарабии кочуют.
Они сегодня над рекой
В шатрах изодранных ночуют.
Как вольность, весел их ночлег
И мирный сон под небесами;
Между колесами телег,
Полузавешанных коврами,
Горит огонь; семья кругом
Готовит ужин; в чистом поле
Пасутся кони; за шатром
Ручной медведь лежит на воле.
Всё живо посреди степей:
Заботы мирные семей,
Готовых с утром в путь недальний,
И песни жен, и крик детей,
И звон походной наковальни.
Но вот на табор кочевой
Нисходит сонное молчанье,
И слышно в тишине степной
Лишь лай собак да коней ржанье.
Огни везде погашены,
Спокойно всё, луна сияет
Одна с небесной вышины
И тихий табор озаряет.
В шатре одном старик не спит;
Он перед углями сидит,
Согретый их последним жаром,
И в поле дальнее глядит,
Ночным подернутое паром.

Его молоденькая дочь
Пошла гулять в пустынном поле.
Она привыкла к резвой воле,
Она придет; но вот уж ночь,
И скоро месяц уж покинет
Небес далеких облака, —
Земфиры нет как нет; и стынет
Убогий ужин старика.

Но вот она; за нею следом
По степи юноша спешит;
Цыгану вовсе он неведом.
«Отец мой, — дева говорит, —
Веду я гостя; за курганом
Его в пустыне я нашла
И в табор нá ночь зазвала.
Он хочет быть как мы цыганом;
Его преследует закон,
Но я ему подругой буду.
Его зовут Алеко — он
Готов идти за мною всюду».

Старик
Я рад. Останься до утра
Под сенью нашего шатра
Или пробудь у нас и доле,
Как ты захочешь. Я готов
С тобой делить и хлеб и кров.
Будь наш — привыкни к нашей доле,
Бродящей бедности и воле —
А завтра с утренней зарей
В одной телеге мы поедем;
Примись за промысел любой:
Железо куй — иль песни пой
И селы обходи с медведем.

Алеко
Я остаюсь.

Земфира
Он будет мой:
Кто ж от меня его отгонит?
Но поздно... месяц молодой
Зашел; поля покрыты мглой,
И сон меня невольно клонит...

* * *

Светло. Старик тихонько бродит
Вокруг безмолвного шатра.
«Вставай, Земфира: солнце всходит,
Проснись, мой гость! пора, пора!..
Оставьте, дети, ложе неги!..»
И с шумом высыпал народ;
Шатры разобраны; телеги
Готовы двинуться в поход.
Всё вместе тронулось — и вот
Толпа валит в пустых равнинах.
Ослы в перекидных корзинах
Детей играющих несут;
Мужья и братья, жены, девы,
И стар и млад вослед идут;
Крик, шум, цыганские припевы,
Медведя рев, его цепей
Нетерпеливое бряцанье,
Лохмотьев ярких пестрота,
Детей и старцев нагота,
Собак и лай и завыванье,
Волынки говор, скрып телег,
Всё скудно, дико, всё нестройно,
Но всё так живо-неспокойно,
Так чуждо мертвых наших нег,
Так чуждо этой жизни праздной,

Как песнь рабов однообразной!

* * *

Уныло юноша глядел
На опустелую равнину
И грусти тайную причину
Истолковать себе не смел.
С ним черноокая Земфира,
Теперь он вольный житель мира,
И солнце весело над ним
Полуденной красою блещет;
Что ж сердце юноши трепещет?
Какой заботой он томим?

Птичка божия не знает
Ни заботы, ни труда;
Хлопотливо не свивает
Долговечного гнезда;
В долгу ночь на ветке дремлет;
Солнце красное взойдет,
Птичка гласу бога внемлет,
Встрепенется и поет.
За весной, красой природы,
Лето знойное пройдет —
И туман и непогоды
Осень поздняя несет:
Людям скучно, людям горе;
Птичка в дальные страны,
В теплый край, за сине море
Улетает до весны.

Подобно птичке беззаботной
И он, изгнанник перелетный,
Гнезда надежного не знал
И ни к чему не привыкал.
Ему везде была дорога,
Везде была ночлега сень;

Проснувшись поутру, свой день
Он отдавал на волю бога,
И жизни не могла тревога
Смутить его сердечну лень.
Его порой волшебной славы
Манила дальная звезда;
Нежданно роскошь и забавы
К нему являлись иногда;
Над одинокой головою
И гром нередко грохотал;
Но он беспечно под грозою
И в вёдро ясное дремал.
И жил, не признавая власти
Судьбы коварной и слепой;
Но боже! как играли страсти
Его послушною душой!
С каким волнением кипели
В его измученной груди!
Давно ль, на долго ль усмирели?
Они проснутся: погоди!

Земфира
Скажи, мой друг: ты не жалеешь
О том, что бросил навсегда?

Алеко
Что ж бросил я?

Земфира
    Ты разумеешь:
Людей отчизны, города.

Алеко
О чем жалеть? Когда б ты знала,

Когда бы ты воображала
Неволю душных городов!
Там люди, в кучах за оградой,
Не дышат утренней прохладой,
Ни вешним запахом лугов;
Любви стыдятся, мысли гонят,
Торгуют волею своей,
Главы пред идолами клонят
И просят денег да цепей.
Что бросил я? Измен волненье,
Предрассуждений приговор,
Толпы безумное гоненье
Или блистательный позор.

Земфира
Но там огромные палаты,
Там разноцветные ковры,
Там игры, шумные пиры,
Уборы дев там так богаты!..

Алеко
Что шум веселий городских?
Где нет любви, там нет веселий.
А девы... Как ты лучше их
И без нарядов дорогих,
Без жемчугов, без ожерелий!
Не изменись, мой нежный друг!
А я... одно мое желанье
С тобой делить любовь, досуг
И добровольное изгнанье!

Старик
Ты любишь нас, хоть и рожден
Среди богатого народа.
Но не всегда мила свобода
Тому, кто к неге приучен.

Меж нами есть одно преданье:
Царем когда-то сослан был
Полудня житель к нам в изгнанье.[1]
(Я прежде знал, но позабыл
Его мудреное прозванье.)
Он был уже летами стар,
Но млад и жив душой незлобной —
Имел он песен дивный дар
И голос, шуму вод подобный —
И полюбили все его,
И жил он на брегах Дуная,
Не обижая никого,
Людей рассказами пленяя;
Не разумел он ничего,
И слаб и робок был, как дети;
Чужие люди за него
Зверей и рыб ловили в сети;
Как мерзла быстрая река
И зимни вихри бушевали,
Пушистой кожей покрывали
Они святаго старика;
Но он к заботам жизни бедной
Привыкнуть никогда не мог;
Скитался он иссохший, бледный,
Он говорил, что гневный бог
Его карал за преступленье...
Он ждал: придет ли избавленье.
И всё несчастный тосковал,
Бродя по берегам Дуная,
Да горьки слезы проливал,
Свой дальный град воспоминая,
И завещал он, умирая,
Чтобы на юг перенесли
Его тоскующие кости,
И смертью — чуждой сей земли —
Не успокоенные гости!

---

[1] Римский поэт I века Овидий был сослан императором Августом на берега Черного моря. Предания о жизни его там сохранились в Бессарабии.

Алеко
Так вот судьба твоих сынов,
О Рим, о громкая держава!..
Певец любви, певец богов,
Скажи мне, что такое слава?
Могильный гул, хвалебный глас,
Из рода в роды звук бегущий?
Или под сенью дымной кущи
Цыгана дикого рассказ?

* * *

Прошло два лета. Так же бродят
Цыганы мирною толпой;
Везде по-прежнему находят
Гостеприимство и покой.
Презрев оковы просвещенья,
Алеко волен, как они;
Он без забот в сожаленья
Ведет кочующие дни.
Всё тот же он; семья всё та же;
Он, прежних лет не помня даже,
К бытью цыганскому привык.
Он любит их ночлегов сени,
И упоенье вечной лени,
И бедный, звучный их язык.
Медведь, беглец родной берлоги,
Косматый гость его шатра,
В селеньях, вдоль степной дороги,
Близ молдаванского двора
Перед толпою осторожной
И тяжко пляшет, и ревет,
И цепь докучную грызет;
На посох опершись дорожный,
Старик лениво в бубны бьет,
Алеко с пеньем зверя водит,
Земфира поселян обходит
И дань их вольную берет.

Настанет ночь; они все трое
Варят нежатое пшено;
Старик уснул — и всё в покое...
В шатре и тихо и темно.

* * *

Старик на вешнем солнце греет
Уж остывающую кровь;
У люльки дочь поет любовь.
Алеко внемлет и бледнеет.

Земфира
Старый муж, грозный муж,
Режь меня, жги меня:
Я тверда; не боюсь
Ни ножа, ни огня.

Ненавижу тебя,
Презираю тебя;
Я другого люблю,
Умираю любя.

Алеко
Молчи. Мне пенье надоело,
Я диких песен не люблю.

Земфира
Не любишь? мне какое дело!
Я песню для себя пою.

Режь меня, жги меня;
Не скажу ничего;
Старый муж, грозный муж,
Не узнаешь его.

Он свежее весны,
Жарче летнего дня;
Как он молод и смел!
Как он любит меня!

Как ласкала его
Я в ночной тишине!
Как смеялись тогда
Мы твоей седине!

Алеко
Молчи, Земфира! я доволен...

Земфира
Так понял песню ты мою?

Алеко
Земфира!

Земфира
Ты сердиться волен,
Я песню про тебя пою.

Уходит и поет: Старый муж и проч.

Старик
Так, помню, помню — песня эта
Во время наше сложена,
Уже давно в забаву света
Поется меж людей она.
Кочуя на степях Кагула,
Ее, бывало, в зимню ночь
Моя певала Мариула,

Перед огнем качая дочь.
В уме моем минувши лета
Час от часу темней, темней;
Но заронилась песня эта
Глубоко в памяти моей.

* * *

Всё тихо; ночь. Луной украшен
Лазурный юга небосклон,
Старик Земфирой пробужден:
«О мой отец! Алеко страшен.
Послушай: сквозь тяжелый сон
И стонет, и рыдает он».

Старик
Не тронь его. Храни молчанье.
Слыхал я русское преданье:
Теперь полунощной порой
У спящего теснит дыханье
Домашний дух; перед зарей
Уходит он. Сиди со мной.

Земфира
Отец мой! шепчет он: Земфира!

Старик
Тебя он ищет и во сне:
Ты для него дороже мира.

Земфира
Его любовь постыла мне.
Мне скучно; сердце воли просит —
Уж я... Но тише! слышишь? он

Другое имя произносит...

Старик
Чье имя?

Земфира
Слышишь? хриплый стон
И скрежет ярый!.. Как ужасно!..
Я разбужу его...

Старик
Напрасно,
Ночного духа не гони —
Уйдет и сам...

Земфира
Он повернулся,
Привстал, зовет меня... проснулся —
Иду к нему — прощай, усни.

Алеко
Где ты была?

Земфира
С отцом сидела.
Какой-то дух тебя томил;
Во сне душа твоя терпела
Мученья; ты меня страшил:
Ты, сонный, скрежетал зубами
И звал меня.

Алеко
Мне снилась ты.
Я видел, будто между нами...
Я видел страшные мечты!

Земфира
Не верь лукавым сновиденьям.

Алеко
Ах, я не верю ничему:
Ни снам, ни сладким увереньям,
Ни даже сердцу твоему.

* * *

Старик
О чем, безумец молодой,
О чем вздыхаешь ты всечасно?
Здесь люди вольны, небо ясно,
И жены славятся красой.
Не плачь: тоска тебя погубит.

Алеко
Отец, она меня не любит.

Старик
Утешься, друг: она дитя.
Твое унынье безрассудно:
Ты любишь горестно и трудно,
А сердце женское — шутя.
Взгляни: под отдаленным сводом
Гуляет вольная луна;
На всю природу мимоходом

Равно сиянье льет она.
Заглянет в облако любое,
Его так пышно озарит —
И вот — уж перешла в другое;
И то недолго посетит.
Кто место в небе ей укажет,
Примолвя: там остановись!
Кто сердцу юной девы скажет:
Люби одно, не изменись?
Утешься.

Алеко
            Как она любила!
Как нежно преклонясь ко мне,
Она в пустынной тишине
Часы ночные проводила!
Веселья детского полна,
Как часто милым лепетаньем
Иль упоительным лобзаньем
Мою задумчивость она
В минуту разогнать умела!..
И что ж? Земфира неверна!
Моя Земфира охладела!...

Старик
    Послушай: расскажу тебе
Я повесть о самом себе.
Давно, давно, когда Дунаю
Не угрожал еще москаль —
(Вот видишь, я припоминаю,
Алеко, старую печаль.)
Тогда боялись мы султана;
А правил Буджаком паша
С высоких башен Аккермана —
Я молод был; моя душа
В то время радостно кипела;
И ни одна в кудрях моих

Еще鞋鞋鞋鞋鞋鞋鞋鞋鞋鞋鞋鞋 сединка не белела, —
Между красавиц молодых
Одна была... и долго ею,
Как солнцем, любовался я,
И наконец назвал моею...

Ах, быстро молодость моя
Звездой падучею мелькнула!
Но ты, пора любви, минула
Еще быстрее: только год
Меня любила Мариула.

Однажды близ Кагульских вод
Мы чуждый табор повстречали;
Цыганы те, свои шатры
Разбив близ наших у горы,
Две ночи вместе ночевали.
Они ушли на третью ночь, —
И, брося маленькую дочь,
Ушла за ними Мариула.
Я мирно спал; заря блеснула;
Проснулся я, подруги нет!
Ищу, зову — пропал и след.
Тоскуя, плакала Земфира,
И я заплакал — с этих пор
Постыли мне все девы мира;
Меж ими никогда мой взор
Не выбирал себе подруги,
И одинокие досуги
Уже ни с кем я не делил.

Алеко
Да как же ты не поспешил
Тотчас вослед неблагодарной
И хищникам и ей, коварной,
Кинжала в сердце не вонзил?

Старик
К чему? вольнее птицы младость;
Кто в силах удержать любовь?
Чредою всем дается радость;
Что было, то не будет вновь.

Алеко
Я не таков. Нет, я не споря
От прав моих не откажусь!
Или хоть мщеньем наслажусь.
О нет! когда б над бездной моря
Нашел я спящего врага,
Клянусь, и тут моя нога
Не пощадила бы злодея;
Я в волны моря, не бледнея,
И беззащитного б толкнул;
Внезапный ужас пробужденья
Свирепым смехом упрекнул,
И долго мне его паденья
Смешон и сладок был бы гул.

* * *

Молодой цыган
Еще одно... одно лобзанье...

Земфира
Пора: мой муж ревнив и зол.

Цыган
Одно... но доле!.. на прощанье.

Земфира
Прощай, покамест не пришел.

Цыган
Скажи — когда ж опять свиданье?

Земфира
Сегодня, как зайдет луна,
Там, за курганом над могилой...

Цыган
Обманет! не придет она!

Земфира
Вот он! беги!.. Приду, мой милый.

* * *

Алеко спит. В его уме
Виденье смутное играет;
Он, с криком пробудясь во тьме,
Ревниво руку простирает;
Но обробелая рука
Покровы хладные хватает —
Его подруга далека...
Он с трепетом привстал и внемлет...
Всё тихо — страх его объемлет,
По нем текут и жар и хлад;
Встает он, из шатра выходит,
Вокруг телег, ужасен, бродит;
Спокойно всё; поля молчат;
Темно; луна зашла в туманы,
Чуть брезжит звезд неверный свет,
Чуть по росе приметный след

Ведет за дальные курганы:
Нетерпеливо он идет,
Куда зловещий след ведет.

Могила на краю дороги
Вдали белеет перед ним...
Туда слабеющие ноги
Влачит, предчувствием томим,
Дрожат уста, дрожат колени,
Идет... и вдруг... иль это сон?
Вдруг видит близкие две тени
И близкой шепот слышит он —
Над обеславленной могилой.

1-й голос
Пора...

2-й голос
Постой...

1-й голос
Пора, мой милый.

2-й голос
Нет, нет, постой, дождемся дня.

1-й голос
Уж поздно.

2-й голос
Как ты робко любишь.
Минуту!

1-й голос
Ты меня погубишь.

2-й голос
Минуту!

1-й голос
Если без меня
Проснется муж?..

Алеко
Проснулся я.
Куда вы! не спешите оба;
Вам хорошо и здесь у гроба.

Земфира
Мой друг, беги, беги...

Алеко
Постой!
Куда, красавец молодой?
Лежи!

Вонзает в него нож.

Земфира
Алеко!

Цыган
Умираю...

Земфира
Алеко, ты убьешь его!
Взгляни: ты весь обрызган кровью!
О, что ты сделал?

Алеко
Ничего.
Теперь дыши его любовью.

Земфира
Нет, полно, не боюсь тебя! —
Твои угрозы презираю,
Твое убийство проклинаю...

Алеко
Умри ж и ты!

Поражает ее.

Земфира
Умру любя...

* * *

Восток, денницей озаренный,
Сиял. Алеко за холмом,
С ножом в руках, окровавленный
Сидел на камне гробовом.
Два трупа перед ним лежали;
Убийца страшен был лицом.
Цыганы робко окружали
Его встревоженной толпой.
Могилу в стороне копали.

Шли жены скорбной чередой
И в очи мертвых целовали.
Старик-отец один сидел
И на погибшую глядел
В немом бездействии печали;
Подняли трупы, понесли
И в лоно хладное земли
Чету младую положили.
Алеко издали смотрел
На всё... когда же их закрыли
Последней горстию земной,
Он молча, медленно склонился
И с камня на траву свалился.

   Тогда старик, приближась, рек:
«Оставь нас, гордый человек!
Мы дики; нет у нас законов,
Мы не терзаем, не казним —
Не нужно крови нам и стонов —
Но жить с убийцей не хотим...
Ты не рожден для дикой доли,
Ты для себя лишь хочешь воли;
Ужасен нам твой будет глас:
Мы робки и добры душою,
Ты зол и смел — оставь же нас,
Прости, да будет мир с тобою».

   Сказал — и шумною толпою
Поднялся табор кочевой
С долины страшного ночлега.
И скоро всё в дали степной
Сокрылось; лишь одна телега,
Убогим крытая ковром,
Стояла в поле роковом.
Так иногда перед зимою,
Туманной, утренней порою,
Когда подъемлется с полей
Станица поздних журавлей
И с криком вдаль на юг несется,

Пронзенный гибельным свинцом
Один печально остается,
Повиснув раненым крылом.
Настала ночь: в телеге темной
Огня никто не разложил,
Никто под крышею подъемной
До утра сном не опочил.

Эпилог

Волшебной силой песнопенья
В туманной памяти моей
Так оживляются виденья
То светлых, то печальных дней.

В стране, где долго, долго брани
Ужасный гул не умолкал,
Где повелительные грани
Стамбулу русский указал,[1]
Где старый наш орел двуглавый
Еще шумит минувшей славой,
Встречал я посреди степей
Над рубежами древних станов
Телеги мирные цыганов,
Смиренной вольности детей.
За их ленивыми толпами
В пустынях часто я бродил,
Простую пищу их делил
И засыпал пред их огнями.
В походах медленных любил
Их песен радостные гулы —
И долго милой Мариулы
Я имя нежное твердил.

Но счастья нет и между вами,

---

1 Бессарабия долго была театром русско-турецких войн. В 1812 г. там была установлена граница между Россией и Турцией.

Природы бедные сыны!..
И под издранными шатрами
Живут мучительные сны.
И ваши сени кочевые
В пустынях не спаслись от бед,
И всюду страсти роковые,
И от судеб защиты нет.

1824

Also available from JiaHu Books:

Русланъ и Людмила — А. С. Пушкин - 9781909669000

Евгеній Онѣгинъ — А. С. Пушкин — 9781909669017

Анна Каренина — Л. Н. Толстой — 9781909669154

Дядя Ваня — А. П. Чехов — 9781784350000

Три сестры — А. П. Чехов — 9781784350017

Вишнёвый сад — А. П. Чехов - 9781909669819

Чайка — А. П. Чехов — 9781909669642

Дуэль — А. П. Чехов — 9781784350024

Иванов — А. П. Чехов — 9781784350093

Шутки - А. П. Чехов — 9781784350109

Отцы и дети — И. С. Тургенев - 9781784350123

Ася — И. С. Тургенев — 9781784350079

Первая любовь — И. С. Тургенев - 9781784350086

Мать — Максим Горький — 9781909669628

Конармия — Исаак Бабель - 9781784350062

Рассказ о семи повешенных и другие повести — Л. Н. Андреев — 9781909669659

Леди Макбет Мценского уезда и Запечатленный ангел - Н. С. Лесков - 9781909669666

Очарованный странник — Н. С. Лесков — 9781909669727

Некуда — Н. С. Лесков -9781909669673

Мы - Евгений Замятин- 9781909669758

Санин — М. П. Арцыбашев — 9781909669949

Мастер и Маргарита — М.А. Булгаков - 9781909669895

Собачье сердце — М.А. Булгаков — 9781909669536

Записки юного врача — М.А. Булгаков — 9781909669680

Роковые яйца — М.А. Булгаков - 9781909669840

Евгений Онегин (Либретто) — 9781909669741

Пиковая Дама (Либретто) — 9781909669376

Борис Годунов (Либретто) — 9781909669376

Раскіданае гняздо/Тутэйшыя - Янка Купала – 9781909669901

Чорна рада — Пантелеймон Куліш – 9781909669529

www.ingramcontent.com/pod-product-compliance
Lightning Source LLC
Chambersburg PA
CBHW031419040426
42444CB00005B/650